Au delà de la Montagne d'or

Au delà de la Montagne d'or

La culture traditionnelle des Sino-Canadiens

Ban Seng Hoe

Musée canadien des civilisations

© Musée canadien des civilisations

Données de catalogage avant publication (Canada)

Hoe, Ban Seng, 1939–

Au-delà de la montagne d'or : la culture traditionnelle des sino-canadiens

Publ. aussi en anglais sous le titre : Beyond the golden mountain.

ISBN 0 660-90291-5

1. Canadiens d'origine chinoise — Moeurs et coutumes.
2. Canadiens d'origine chinoise — Vie intellectuelle.
3. Chinois — Canada — Moeurs et coutumes.
4. Chinois — Canada — Vie intellectuelle.
I. Musée canadien des civilisations.
II. Titre.
III. Titre : La culture traditionnelle des sino-canadiens.

F1035.C5H6314 1989   971'.004951   C89-097104-8
FC106.C5H6314 1989

N° de cat. NM 98-3/60-1989 F
Imprimé au Canada

Graphiste : *Stéphane Breton*
English edition : Beyond the Golden Mountain
ISBN 0-660-10790-2

Photographies de la couverture reproduites avec la permission de CP Rail Corporate Archives. *Avant* : coucher de soleil au-dessus du fleuve Fraser (E4397). *Arrière, en haut* : la Grande Muraille vue du défilé de Nankow (12150). *Arrière, en bas* : locomotive à vapeur de la CPR près de Field Hill, C.-B. (M10,150).

Canada

Table des matières

7 Préface

9 Histoire des Chinois au Canada
- *9* Arrivée et établissement
- *16* Essor des collectivités

19 Traditions culturelles
- *19* Associations claniques et commémoration des ancêtres
- *21* Festivals communautaires
- *23* Traditions familiales
- *26* Traditions culinaires
- *27* Médecine populaire
- *28* Arts martiaux
- *30* Musique et opéra traditionnels
- *32* Danses du lion et du dragon
- *34* Danses folkloriques
- *40* Calligraphie et peinture
- *42* Croyances religieuses et populaires

45 Les Canadiens d'ascendance chinoise aujourd'hui

47 Au sujet de l'auteur

Préface

Transplantées dans une nouvelle contrée, les traditions culturelles évoluent. Les forces responsables des changements proviennent aussi bien du groupe ou de la collectivité nouvellement établis que de l'extérieur, c'est-à-dire de la société d'accueil, dominante. Depuis leur arrivée au pays il y a plus d'un siècle, les Chinois du Canada se transmettent un précieux héritage conjuguant de nombreux aspects de la vie canadienne à leurs traditions ancestrales. *Au delà de la Montagne d'or* fait connaître certaines de ces traditions culturelles qui, nées en Chine, ont connu un nouvel essor au Canada.

Les Chinois appelaient l'Amérique du Nord la Montagne d'or par allusion aux terrains aurifères de la Californie et de la Colombie-Britannique. En 1858, pour participer à la ruée vers l'or dans la région du fleuve Fraser, les Chinois ont commencé à émigrer en nombre. *Au delà de la Montagne d'or* dépasse la vision qui avait d'abord attiré les Chinois au Canada et expose la réalité que les nouveaux venus y ont trouvée et qu'ils ont, finalement, modelée.

Histoire des Chinois au Canada

Pour mieux comprendre les traditions culturelles des Canadiens d'origine chinoise, il faut connaître le contexte historique, social et communautaire dans lequel elles ont évolué.

Arrivée et établissement

Les Chinois sont d'abord venus au Canada en 1858 pour travailler dans la région aurifère de la vallée du fleuve Fraser. Toutefois, ce n'est qu'à l'époque de la construction du dernier tronçon du Canadien Pacifique, de 1880 à 1884, que les Chinois ont immigré au Canada en grand nombre. Pas moins de 17 000 travailleurs chinois sont entrés au pays au cours de cette période. En participant aux dernières étapes de la construction du réseau ferroviaire, la main-d'oeuvre chinoise a contribué à remplir une condition stipulée pour l'entrée de la Colombie-Britannique dans la Confédération, permettant ainsi que se réalise le rêve du premier ministre MacDonald, la création d'un dominion reliant un océan à l'autre.

L'importation de main-d'oeuvre chinoise a suscité de l'hostilité, mais la présence étrangère était essentielle à la construction du chemin de fer. Charles Crocker, entrepreneur de la Central Pacific Railway, mentionnait, pour justifier l'embauche de Chinois, qu'un peuple capable d'ériger la Grande Muraille de Chine était certainement en mesure de construire un chemin de fer.

Les travailleurs chinois menaient une vie misérable. Nombre d'entre eux sont morts pendant la construction du chemin de fer par suite de privations et de maladies, ou simplement à cause du froid et d'une nature hostile.

Après la construction du chemin de fer, des règlements législatifs et des lois ont été promulgués afin de décourager l'immigration chinoise. Deux commissions royales d'enquête ont été constituées, l'une en 1885 et l'autre en 1902, afin d'étudier la question des immigrants originaires de l'Orient. L'Asiatic Exclusion League a été créée à Vancouver en 1907 et a fomenté une émeute contre les Chinois et les Japonais au cours de la même année. La taxe de capitation imposée aux Chinois est passée de 10 $ en 1884 à 50 $ en 1885, puis à 100 $ en 1900 et enfin à 500 $ en 1904.

L'agitation et les protestations contre l'immigration chinoise se

Des ouvriers chinois travaillaient, vers 1909, pour la Great Northern Railway. (Avec la permission de la Vancouver Public Library; nég. no 1773.)

sont poursuivies et, en 1923, une loi d'exclusion interdisait l'entrée des Chinois au Canada. De 1923 jusqu'à l'abrogation de cette loi, en 1947, seulement 44 Chinois sont officiellement entrés au Canada. Cette époque constitue la « période sombre » de l'histoire de l'immigration chinoise au Canada.

Les Chinois se sont d'abord établis le long des voies ouvertes par les chercheurs d'or, les constructeurs du chemin de fer et les colons dans la vallée du Fraser et la région des monts Cariboo; ils ont ensuite migré vers d'autres villes de la Colombie-Britannique. En 1880-1881, les Chinois étaient au nombre de 4 383 au Canada et tous, à l'exception de 33, habitaient la Colombie-Britannique. En 1921, leur nombre était passé à 39 587. La majorité de cette population se trouvait toujours en Colombie-Britannique. Lorsque le chemin de fer du Canadien Pacifique a été terminé, les Chinois ont commencé à se déplacer en grand nombre vers d'autres régions du Canada. À la fin du siècle dernier et au début du XXe siècle, on trouve des collectivités chinoises à Edmonton, Calgary, Lethbridge, Saskatoon, Winnipeg, Toronto, Montréal et Québec. Un peu plus tard, certains groupes de Chinois se sont établis à Fredericton, à Saint John (Nouveau-Brunswick), à Halifax, au Cap Breton, à Charlottetown et à St. John's (Terre-Neuve). En 1971, il y avait 118 815 Chinois au Canada. En 1981, ce nombre avait pratiquement doublé, la plupart des Chinois se trouvant en Colombie-Britannique, dans les Prairies, en Ontario et au Québec. Aujourd'hui, les quartiers chinois sont plus nombreux et plus populeux dans la région de Toronto qu'à Vancouver ou à Victoria.

Les photographies couleur qui suivent expriment à leur façon les concepts chinois du yang et du yin. Le yang, ou la face visible de la culture sino-canadienne, se révèle dans les scènes croquées dans les rues des quartiers chinois. Le yin, l'aspect intime et personnel, transparaît dans les artefacts qui témoignent de croyances et de traditions uniques.

Page 12

Des produits frais sont vendus dans les rues du quartier chinois de Vancouver en 1988. (Photo J.-P. Camus et J. Lenczewski.)

Page 13

Figurines en porcelaine représentant, de gauche à droite, la Richesse, la Bonne fortune et la Longévité. (Photo R. Garner, collection du Musée canadien des civilisations.)

Page 14

La Porte de la prospérité commune (tong ji men) est la principale voie d'accès au quartier chinois de Victoria, en 1987. (Photo J.-P. Camus et J. Lenczewski.)

Page 15

Dragon de porcelaine offert à la ville de Vancouver en 1945 par la Société Chine-Canada. (Avec la permission du Vancouver Museum; photo R. Garner.)

TROPICAL
SPECIAL
HONEY DEW
39¢
45¢
無核靚紅提子
RED GRAPES
每磅 79¢
靚紅提子
RED GRAPES
79¢

13

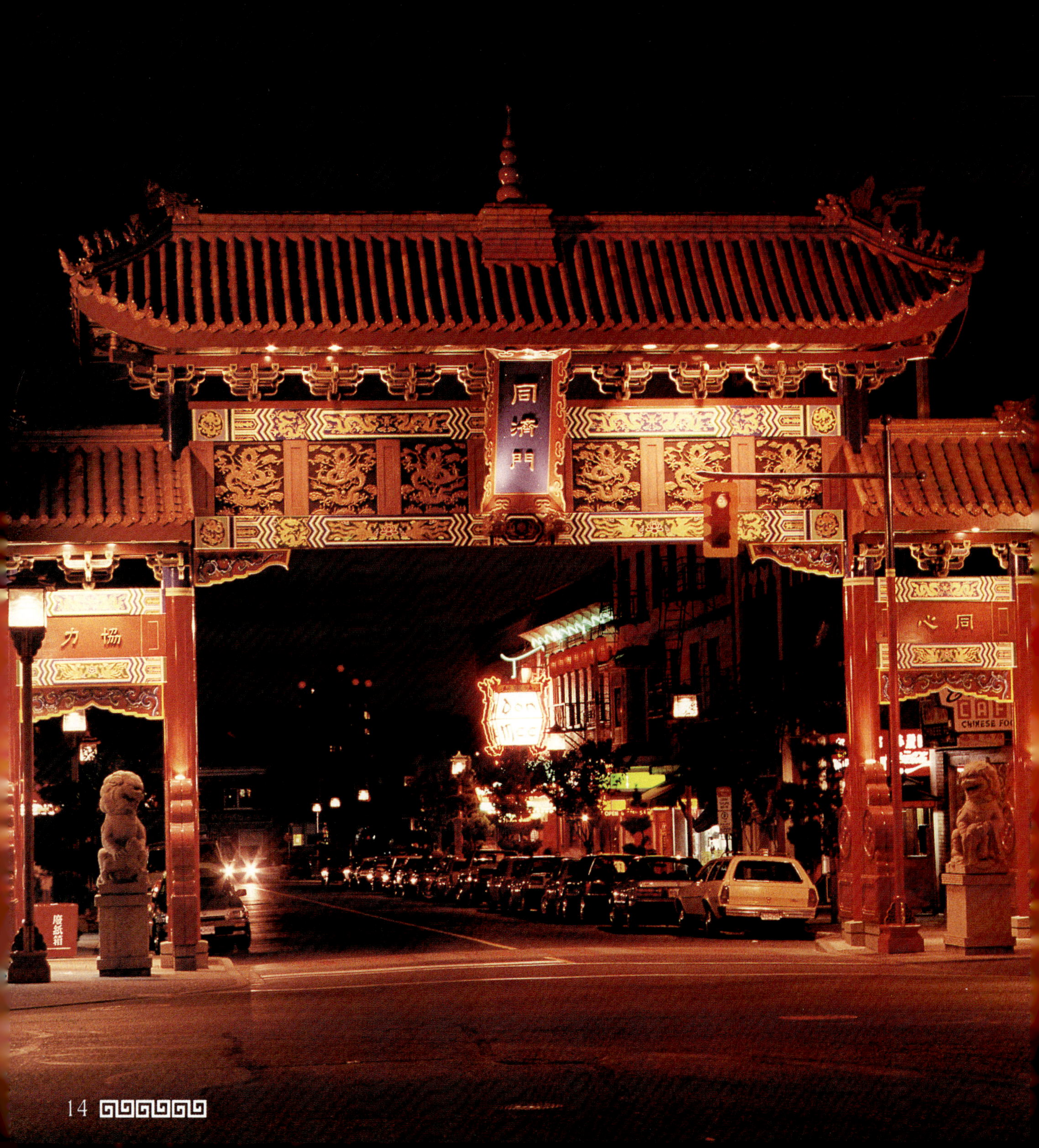
同濟門
協力
同心
廢紙箱

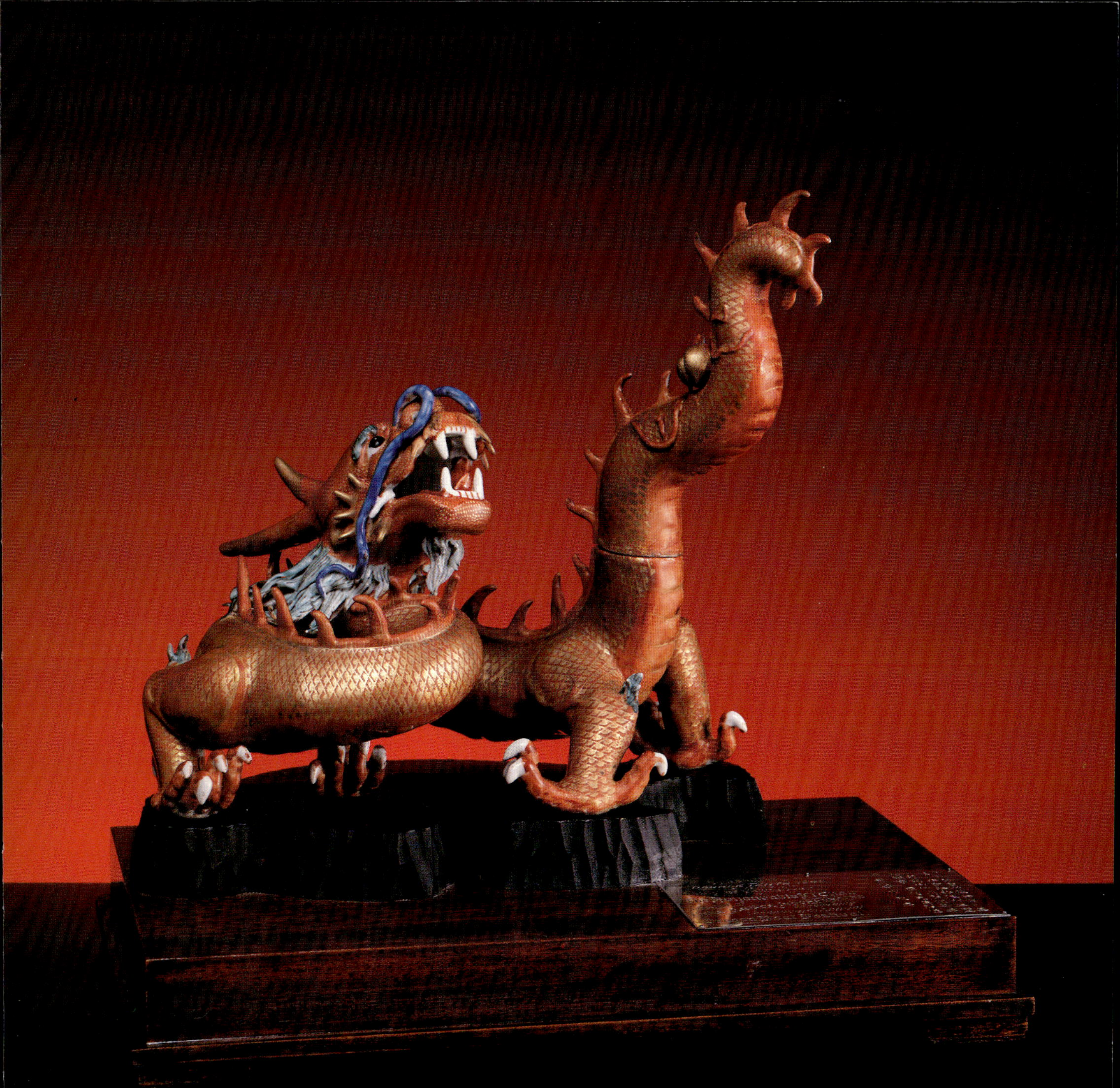

Essor des collectivités

Pour la plupart, les Chinois gagnaient leur vie en effectuant de durs travaux et grâce aux blanchisseries, aux cafés et aux épiceries qu'ils tenaient. En Colombie-Britannique, ils étaient parfois propriétaires de petits commerces ou trouvaient du travail dans les mines, les usines de mise en conserve du poisson, l'exploitation forestière, les marchés de fruits et légumes, l'industrie du bâtiment, les fabriques de bardeaux et les boutiques de tailleur et de cordonnier.

Les associations fournissaient à la collectivité une structure essentielle aux premiers Canadiens d'origine chinoise. Ces associations reposaient sur la communauté de clan, de parenté, de dialecte, d'origine géographique, de convictions politiques, d'occupations et d'intérêts culturels. Grâce à elles, les Chinois entretenaient des relations les uns avec les autres, trouvaient la protection et l'appui dont ils avaient besoin et, en général, organisaient leur vie ensemble.

Dans la plupart des villes canadiennes, il y avait habituellement (et il y a encore) un organisme cadre souvent appelé « Chinese Benevolent Association ». Cette association communautaire réglait les différends entre les Chinois du milieu et représentait la collectivité chinoise auprès de l'ensemble de la société. Par la suite, des missionnaires chrétiens ont commencé à oeuvrer au sein des collectivités chinoises et des églises se sont formées. Ces églises faisaient aussi le lien entre les collectivités chinoises et l'ensemble de la société. Au fur et à mesure que l'acculturation progressait, des associations inspirées de modèles occidentaux ont fait leur apparition en réponse à divers besoins sociaux, culturels et récréatifs.

La plupart des premiers immigrants chinois choisissaient d'habiter des quartiers du centre-ville connus sous le nom de « quartiers chinois ». La création de tels quartiers s'explique en partie par la discrimination raciale et en partie par des besoins communs, une expérience similaire à titre d'immigrants et le désir de préserver les institutions socio-culturelles chinoises dans le pays d'adoption. Par le passé, la plupart des associations s'installaient dans les quartiers où vivaient la plupart des Chinois. C'étaient les seuls quartiers où l'on pouvait boire une tasse de thé avec ses compatriotes et organiser des festivals. Le quartier était le pivot de la vie communautaire.

C'est dans ce contexte social et communautaire que les traditions culturelles de l'ancien monde, apportées par les premiers immigrants, se sont enracinées puis propagées dans la société canadienne.

La rue Pender, dans le quartier chinois de Vancouver, en 1928. (Avec la permission de la Vancouver Public Library; nég. no 22642.)

Traditions culturelles

On présente ici onze traditions chinoises et l'évolution qu'elles ont connue au Canada. Dans certains cas, un exemple précis est mis en relief.

Associations claniques et commémoration des ancêtres

Les associations claniques constituent l'une des façons traditionnelles adoptées par les Chinois pour s'organiser entre eux. Les membres de ces associations font remonter leurs origines à un ou à plusieurs ancêtres communs suivant la branche paternelle. Ils adoptent la généalogie du clan et utilisent les légendes, les mythes, les histoires et les récits historiques pour déterminer l'identité de leurs ancêtres. Ainsi, l'Association clanique Huang reconnaît Huang Xiang Gung, érudit et fonctionnaire réputé de la période des Han orientaux (25-221) comme son ancêtre. L'association du clan Ma considère Ma Fu Bo, célèbre commandant d'armée de la dynastie des Han comme son ancêtre. Les membres de la Long Gang Gong Suo, une association aux noms de famille multiples, honorent Liu Bei, Guan Yue, Zhang Fei et Zhao Yun.

Portraits des membres de l'association, oeuvres calligraphiques, peintures, liste encadrée des directeurs, remerciements pour des dons en argent, bannières, messages de félicitations envoyés par d'autres associations, meubles et autres éléments de décoration font habituellement partie du décor de la salle de l'association clanique. En général, au centre de la pièce, il y a aussi un autel, où l'on retrouve un portrait de l'ancêtre flanqué de part et d'autre d'extraits tirés de poèmes ou de messages historiques, ainsi qu'une table où sont déposés un brûle-parfum, des bâtons d'encens, des vases à fleurs et des assiettes pour les offrandes de nourriture sacrificielle. La plupart des associations claniques célèbrent les anniversaires de leurs ancêtres. Les directeurs et les membres de l'association se réunissent devant l'autel et, après un instant de silence, s'inclinent trois fois devant le portrait de l'ancêtre. L'officiant présente de l'encens et du vin; on dépose ensuite sur l'autel des fleurs et de la nourriture telle que poulet, porc, gâteaux, fruits. On lit le panégyrique détaillant l'histoire, la conduite exemplaire, les faits glorieux et les réalisations de l'ancêtre. La célébration se termine par une cérémonie du thé au cours de laquelle on demande à quelques dirigeants ou anciens de prendre la parole. Ceux-ci racontent l'histoire de l'ancêtre et rappellent à l'assistance qu'ils descendent tous du même ancêtre comme l'eau qui coule d'une même source. Le rituel dégage un sentiment d'identité commune et de solidarité de groupe.

Outre la commémoration des ancêtres, les associations claniques célèbrent l'anniversaire de leur fondation ou de leur réinstallation au Canada.

L'association clanique est l'une des formes dominantes des associations traditionnelles. On trouve aussi des fraternités politiques comme les francs-maçons et le Kuomintang, des associations par dialecte et par région d'origine et des sociétés de musique et d'opéra.

Un porc rôti est offert en commémoration des défunts dans le cimetière chinois de Victoria vers 1900. (Avec la permission des Archives de l'Église unie du Canada, Victoria University, Toronto.)

Festivals communautaires

Les Chinois célèbrent les fêtes à deux niveaux, familial et collectif. Toute la collectivité participe à divers festivals : celui du printemps soulignant le Nouvel An et l'arrivée du printemps, le Festival Qing Ming, qui se tient traditionnellement en avril dans les cimetières pour commémorer collectivement les défunts et le festival des bateaux-dragons en mémoire du grand poète chinois Qu Yan du Royaume de Chu. Le festival décrit ci-dessous, le Festival de la mi-automne, marque le temps des récoltes. La lune, comme c'est le cas dans de nombreuses fêtes des récoltes, y tient une place importante, comme en témoignent trois versions de l'origine du Festival de la mi-automne.

D'après l'une des légendes, une femme nommée Chang E a subtilisé l'herbe de la longévité à son mari, Hou Yu. Réputé pour avoir abattu neuf soleils du ciel, celui-ci se transforma en tyran. De peur que le tyran ne devienne immortel, Chang E mangea l'herbe. Puis elle s'enfuit dans la lune où la rejoignirent plus tard un lapin et un vieillard. Une autre légende raconte que Ming Huang, un empereur populaire de la dynastie des Tang, avait rêvé qu'il visitait le palais de la lune. Il y était très bien accueilli par la déesse et les fées qui le divertissaient de leur musique et de leurs danses. Pour commémorer son rêve, il ordonna une fête en l'honneur de la lune. Une troisième

W.H. Yuen prépare des gâteaux de lune pour le Festival de la mi-automne de 1987. Cette pâtisserie du Nouveau-Brunswick est dirigée par sa famille depuis trois générations. (Photo Ban Seng Hoe.)

légende évoque le soulèvement contre les Mongols. Le quinzième jour de la lune d'août, un message demandant au peuple de prendre les armes contre l'occupant mongol fut caché dans des gâteaux de lune. Lisant ce message, toute la population du pays se rebella et renversa le régime mongol.

Les gâteaux de lune représentent un important mets rituel du Festival de la mi-automne. Farine, sucre, saindoux, bicarbonate de soude, haricots beurre, haricots noirs, pâte de lotus, graines de melon, amandes, jambon et autres ingrédients entrent dans la confection de ce gâteau. Sa taille varie, mais il est toujours rond car il symbolise la lune.

Le Festival de la mi-automne donne lieu à des manifestations culturelles et à des fêtes au cours desquelles on offre des fruits et des gâteaux de lune. À cette époque de l'année, on vend des gâteaux de lune dans la plupart des grandes collectivités chinoises du pays.

Les membres de la communauté chinoise de Cape Breton célèbrent une fête locale avec leurs concitoyens. (Avec la permission de M. et Mme Ken Wong, Grace Bay, Nouvelle-Écosse.)

Traditions familiales

Les restrictions successives de l'immigration, qui ont atteint leur point culminant avec la loi d'exclusion, ont privé la plupart des premiers immigrants chinois de toute vie familiale. Seuls quelques marchands, hommes d'affaires et ministres du culte ont été autorisés à faire venir leur famille. Ce n'est qu'après la Seconde Guerre mondiale que les membres de familles séparées depuis longtemps ont pu être réunis.

La législation restrictive a créé divers types de familles chinoises : l'ancienne famille d'immigrants, bien établie, la famille longtemps séparée et enfin réunie, la famille née au Canada et la famille nouvellement arrivée. Chaque type de famille a préservé et maintenu à divers degrés les coutumes et traditions chinoises au foyer. Certes, en l'absence des femmes et des enfants, il était difficile de maintenir les traditions familiales chinoises. La levée des restrictions a eu pour résultat une reprise de la vie et des traditions familiales chinoises.

Aujourd'hui, de nombreuses familles de Canadiens d'ascendance chinoise observent encore les célébrations, les festivals et les rituels qui marquent le cycle de la vie. Certaines des manifestations, comme la fête du Nouvel An, la commémoration des ancêtres, le Festival Qing Ming, le Festival des bateaux-dragons et le Festival de la mi-automne, se sont modifiées ou simplifiées.

Le mariage est une occasion particulièrement faste chez les

Lors d'un mariage sino-canadien, les femmes ont revêtu leurs costumes traditionnels, tandis que les hommes ont adopté la mode occidentale. (Avec la permission de la Vancouver Public Library; nég. no 58900).

Chinois. Les Sino-Canadiens respectent en général le modèle occidental, mais certains éléments des noces traditionnelles sont encore présents. Les rituels des fiançailles et du mariage combinent la tradition chinoise et le symbolisme occidental. Les Chinois nés au Canada ont adopté la notion occidentale de l'amour et du libre choix des conjoints, mais on a encore parfois recours à un intermédiaire pour arranger un mariage entre deux familles de statut comparable. Amis et parents interviennent aussi dans le processus qui aboutit à l'union d'un couple. Certains Canadiens d'origine chinoise évitent encore d'épouser une personne du même nom qu'eux, mais on ne consulte plus le diseur de bonne aventure pour vérifier la compatibilité du couple comme cela se faisait en Chine.

Dans certains cas, la famille de la mariée annonce les fiançailles en distribuant aux parents et amis des pâtisseries et des gâteaux traditionnels. On annonce aussi parfois la nouvelle dans les journaux. Quoique le prix de la mariée soit rarement versé en argent, la coutume voulant qu'on offre des cadeaux et de la nourriture (cochon rôti et oranges, par exemple) se maintient dans une certaine mesure. Le jour des noces, les parents de la mariée offrent parfois une dot aux nouveaux époux.

Le mariage se déroule habituellement à l'église et est suivi d'une réception à domicile ou au restaurant. Le banquet fait partie intégrante de tout mariage chinois. Il est de tradition d'offrir le thé aux parents et aux amis, même si la coutume de s'incliner devant les aînés et d'honorer les cieux, la terre et les ancêtres a été abandonnée. Les dons et les voeux sont présentés aux nouveaux époux. Certains invités offrent des baguettes, des dattes et des lotus, ces derniers exprimant le souhait que les nouveaux époux connaissent le bonheur d'avoir sous peu des enfants, notamment un fils. Dans la société chinoise traditionnelle, les nouveaux époux se seraient intégrés à la famille du marié mais, au Canada, les couples fondent leur propre foyer.

De jeunes Chinois fréquentent l'Oriental Homes and School de Victoria en 1913. (Avec la permission des British Columbia Archives and Records Service; cat. no HP55487.)

Traditions culinaires

Les premiers immigrants chinois ont apporté les traditions culinaires cantonaises; il s'agissait d'une cuisine simple et familiale, sans prétention. Dans les anciens quartiers chinois où les immigrants se concentraient autrefois, ce style de cuisine est toujours en vogue.

Au fil des ans, la « nourriture des immigrants », marquée par l'influence canadienne, a subi une évolution remarquable. Nombreux sont les propriétaires de restaurants et les cuisiniers qui se servent d'ingrédients locaux et d'épices adaptées au palais et aux goûts de la clientèle locale. Le produit ainsi obtenu constitue une version d'un plat chinois appelé « chop suey ». « Maison du chop suey », voilà comment était désigné le café chinois.

C'est après la Seconde Guerre mondiale que le goût pour la cuisine chinoise s'est répandu au Canada. Les premiers intéressés furent des militaires qui avaient goûté à cette cuisine outre-mer, ainsi que des immigrants chinois nouvellement arrivés de diverses régions du monde.

Aujourd'hui, de nombreuses cuisines régionales, comme les cuisines du Szechhuan, du Hunan, de Beijing, de Shanghai, de Fujian et du Yunan, s'adressent à une clientèle de connaisseurs. La cuisine chinoise la plus prisée demeure pourtant, de toute évidence, la cuisine cantonaise. Elle est réputée pour sa diversité, sa complexité et ses décorations hautes en couleur, et elle combine avec subtilité, raffinement et harmonie les différentes saveurs. Il y a des restaurants chinois dans pratiquement toutes les villes du Canada. La majorité servent des plats cantonais et sont la propriété de Chinois d'origine cantonaise.

Médecine populaire

La pensée qui sous-tend la médecine traditionnelle chinoise repose sur le maintien d'un équilibre délicat entre l'état intérieur d'une personne (le yin) et le milieu extérieur (le yang). Les traitements font le plus souvent appel aux herbes médicinales, à l'acupuncture, aux massages thérapeutiques et au *qi gong* (un régime de mouvements respiratoires). Ils visent à guérir des maux précis ainsi qu'à améliorer l'état de santé général du patient.

Les premiers immigrants chinois ont continué à pratiquer la médecine populaire traditionnelle, en partie parce qu'ils étaient convaincus de son efficacité et en partie parce que les barrières linguistiques et les idées préconçues les empêchaient de consulter des médecins occidentaux. Dans les quartiers chinois, avant la Seconde Guerre mondiale, les traitements les plus courants se faisaient au moyen d'herbes médicinales. Ce n'est que depuis quelques dizaines d'années, lorsque le grand public et les nouveaux immigrants chinois ont créé une demande et un intérêt suffisants, que d'autres formes de traitement, comme l'acupuncture, les massages thérapeutiques et le *qi gong*, se sont répandues. L'acupuncture et certains produits comme le ginseng, la gelée royale et divers aphrodisiaques ont maintenant gagné la faveur d'autres Canadiens. Les membres de la collectivité chinoise ont encore recours à nombre de produits médicinaux, non seulement à des fins médicales, mais aussi pour nourrir et renforcer leur âme aussi bien que leur corps.

Dans cette herboristerie chinoise traditionnelle de Calgary, on trouvait, en 1976 des herbes médicinales et des spécialités pharmaceutiques. (Photo G. Anderson.)

Arts martiaux

Les arts martiaux sont établis depuis très longtemps en Chine. Le *gong fu* (*kung fu*) met l'accent sur la force, la puissance et l'action; le *tai ji* (*tai chi*) fait valoir la force intérieure et la tranquillité. Chacun a sa propre mythologie, son histoire, sa philosophie et ses techniques.

Avant la Seconde Guerre mondiale, les arts martiaux chinois étaient des traditions vivantes au sein des collectivités chinoises du Canada. Les associations chinoises encourageaient et commanditaient les classes d'arts martiaux. Certains restaurants faisaient appel à des spécialistes du *gong fu* pour écarter les chahuteurs. Dans certains cas, les différends entre les factions de la collectivité étaient réglés par des combats officiels.

À la fin des années 60 et au début des années 70, la télévision et le cinéma ont fait connaître au grand public nord-américain les arts martiaux chinois. Des classes et des tournois ont été organisés pour former des adeptes et enseigner les techniques. Par conséquent, diverses écoles de *gong fu* et de *tai ji* ont été créées par des membres de la collectivité chinoise et par d'autres Canadiens.

De nombreuses écoles ont adapté leur art en fonction des besoins et des styles de vie du milieu. Les arts martiaux se sont donc canadianisés d'une certaine façon, notamment pour ce qui est de l'approche et des méthodes d'enseignement et de transmission. Souvent, les concepts et les principes sous-jacents sont mis de côté et l'accent porte sur l'autodéfense, la forme physique, la santé et la diminution des tensions. Certaines techniques ont également été adaptées à la danse.

Il existe différents styles et différentes écoles de *gong fu*. Nous n'en décrirons que trois.

L'école de la grue blanche tire son inspiration des positions de combat de la grue et du tigre et les combine au jeu de pieds du singe. Un spécialiste qui a atteint le niveau le plus élevé de cet art est réputé capable de se transformer à volonté en une grue, un tigre et un singe et possède les aptitudes au combat propres à ces animaux.

L'école dite du dragon se fonde sur les mouvements du dragon, combinés aux positions de combat du serpent et de l'oiseau. Un maître de cet art ressemble à un dragon puissant qui traverserait l'univers.

Le style de l'école Yong Chun a été mis au point par une spécialiste du *gong fu* qui perfectionna les techniques de son maître en leur associant les positions de combat du serpent et de la grue. Les mouvements des mains sont complexes. Cette école est particulièrement efficace pour l'autodéfense et l'attaque à courte distance.

Le *gong fu* fait aussi appel à des armes, considérées comme des prolongements du corps dans l'univers.

Le *tai ji*, selon une légende, a été mis au point par Zhang Sunfeng, un grand-prêtre taoïste de la dynastie Sung (960-1275). Il était si habile qu'il pouvait attraper des fantômes et d'autres esprits.

Comme dans le cas du *gong fu*,

il existe différents styles de *tai ji*, dont les écoles Chen, Yang, Wu, Sun et Fu, pour n'en nommer que quelques-unes. Chacune adopte des perspectives et des accents différents. Nous ne parlerons ici que de l'école Yang.

L'école Yang a été créée par les maîtres Yang Lou-shan et Yang Deng-fu. Elle met l'accent sur la grâce des mouvements, la tranquillité, la stabilité, le naturel et la concentration. En principe, le maître possède une force intérieure assez puissante pour soumettre les forces extérieures. Les mouvements doivent être aussi calmes qu'un reflet dans un miroir. On exécute une rotation, par exemple, comme on manie de la soie.

Muni d'une épée, Sifu F. Lee, un maître du gong fu, *exécute à Edmonton, en 1976, un mouvement emprunté à l'école de la grue blanche. (Photo G. Anderson.)*

Musique et opéra traditionnels

La musique folklorique et l'opéra sont les reflets de la vie socioculturelle d'un peuple. Les traditions et caractéristiques propres au style de musique et d'opéra d'un peuple sont le fruit de nombreuses années d'évolution. Les sociétés de musique et d'opéra mises sur pied par les premières collectivités chinoises au Canada représentaient un moyen d'expression culturelle et une source de divertissement. Elles permettaient aussi de réunir des fonds pour réaliser des projets communautaires et financer des programmes de secours en Chine.

Les collectivités chinoises du pays comptent aujourd'hui de nombreuses sociétés qui œuvrent dans les domaines de la musique et de l'opéra. Ces sociétés d'encouragement et d'étude de la musique et de l'opéra permettent aux Chinois de communiquer et d'échanger entre eux et avec d'autres groupes culturels.

La plupart des sociétés établies de longue date, comme la Qing Yun et la Zheng Hua Sheng à Vancouver, montent de grands opéras avec leurs propres musiciens. Elles présentent surtout de la musique cantonaise traditionnelle. Leur répertoire, complexe et varié, s'inspire de l'histoire chinoise : politique, mythologie, légendes, intrigues de palais, contes folkloriques, épopées romantiques et vie quotidienne.

Certaines sociétés de musique et d'opéra observent encore les cérémonies et les rites traditionnels. Elles installent des autels en l'honneur des dieux et déesses qui les protègent et présentent des offrandes à l'occasion des anniversaires des divinités et d'autres fêtes.

Des musiciens chinois sont photographiés en compagnie de leurs amis dans une église chinoise de Victoria vers 1890. (Avec la permission des British Columbia Archives and Records Service; cat. nᵒ HP55506.)

Aujourd'hui, ces sociétés non seulement se produisent lors de leurs propres fêtes communautaires, mais participent aussi à la vie culturelle canadienne. Ainsi, elles montent des spectacles pendant la période des Fêtes et à l'occasion de la Fête du Canada. Certains opéras sont même présentés en anglais et en français.

La Scarborough Chinese Dramatic Society montait, en 1988, un opéra cantonais où un général affronte son épouse princière. (Photo J. Lenczewski.)

Danses du lion et du dragon

Selon la tradition chinoise, le lion et le dragon symbolisent tous deux la prospérité et la paix. Les danses inspirées de légendes mettant en scène ces créatures sont présentées par des clubs d'arts martiaux lors d'un festival communautaire, d'une fête nationale, de l'inauguration d'une association ou d'une entreprise et de la visite d'un dignitaire.

Les danses du lion et du dragon se déroulent dans les quartiers chinois et donnent lieu à tout un étalage de bannières colorées, d'armes et d'autres accessoires, au son des gongs, des cymbales et des feux d'artifice. Pour les membres de la collectivité ainsi réunie, le spectacle symbolise la solidarité et l'entraide.

Pendant la danse du lion, celui-ci parcourt tout le quartier chinois de porte en porte, pour rendre hommage aux associations, aux entreprises et aux habitants. Il ramasse des colis enveloppés de papier rouge qui contiennent de l'argent « de bonne fortune » et des légumes. Avant d'accepter le

La danse du dragon exécutée dans les rues du quartier chinois de Vancouver, 1968. (Avec la permission de la Vancouver Public Library; nég. no 48309.)

colis rouge, le lion exécute diverses danses. Le choix de la technique dépend de la présentation du colis. Si, par exemple, il s'agit de la présentation dite du « serpent venimeux qui barre la route », où un bâton symbolise le serpent et deux bols, les yeux, le lion doit faire claquer ses doigts sous le nez du serpent avant de ramasser le colis. S'il manque à ce devoir, il s'attirera les critiques des « connaisseurs ».

Pour la danse du dragon, le nombre de danseurs dépend de la taille du dragon et vice-versa. Une énorme perle mène habituellement la danse, poursuivie par le dragon qui saute et tournoie comme s'il traversait l'univers ou se déplaçait sur l'eau.

Juste avant d'exécuter la danse du lion à la foire internationale d'automne de Vancouver, en 1960, on examine la tête de la bête. (Avec la permission du Vancouver Sun *et des Archives nationales du Canada; PA-148770.)*

Danses folkloriques

Les danses folkloriques nécessitent la collaboration et la coordination d'un certain nombre de danseurs. Elles reflètent la sagesse et les traditions de tout un peuple.

Les groupes de danse folklorique chinoise se sont répandus au Canada après la Seconde Guerre mondiale. Après l'abrogation des lois restreignant l'immigration, il y a eu plus d'enfants à former et donc plus de professeurs de danse. Les occasions de présenter ces danses dans le cadre de manifestations comme les festivals communautaires, les défilés, les rencontres et les spectacles multiculturels se sont multipliées.

Le répertoire de la danse folklorique est varié et complexe. La danse de la fleur brodée, par exemple, décrit la vie quotidienne d'une villageoise; la danse de la lune d'automne dans le palais des Han raconte l'histoire d'une courtisane qui voulait se marier et vivre à l'extérieur du palais; la danse de la cueillette du thé présente un groupe de jeunes filles cueillant des feuilles de thé dans les collines et qui sont, au retour, séduites par les papillons qu'elles poursuivaient par jeu; enfin, la danse du berger et de la villageoise met en scène une jeune fille qui, au cours d'une promenade printannière, rencontre un jeune berger à qui elle demande où elle pourra se procurer du bon vin.

Un danseur exécute une danse traditionnelle chinoise, « Lune d'automne dans le palais des Han », à Vancouver, en 1982. (Avec la permission du Lorita Leung Dance Group.)

La première scène du jeu chorégraphique The Golden Mountain, *joué à Vancouver en 1984, s'intitule « Tristesse du départ ». (Avec la permission du Lorita Leung Dance Group.)*

Page 36

Enseignes commerciales du quartier chinois de Toronto, 1987. (Photo J.-P. Camus et J. Lenczewski.)

Page 37

Des milliers de fleurs pour saluer le printemps nouveau. Peinture du regretté Stephen Lowe, de Victoria, dans le style de la Chine méridionale. (Avec la permission de Mme Eunice Lowe, Victoria.; photo R. Garner.)

Page 38

Dans les rues du quartier chinois de Vancouver, 1987. (Photo J.-P. Camus et J. Lenczewski.)

Page 39

Tam Gong est une divinité populaire des villages de la Chine méridionale. (Avec la permission des Hum Kwong Yu Tong of Eastern Canada, Montréal; photo R. Garner.)

DA JUNG HERBAL CENTRE

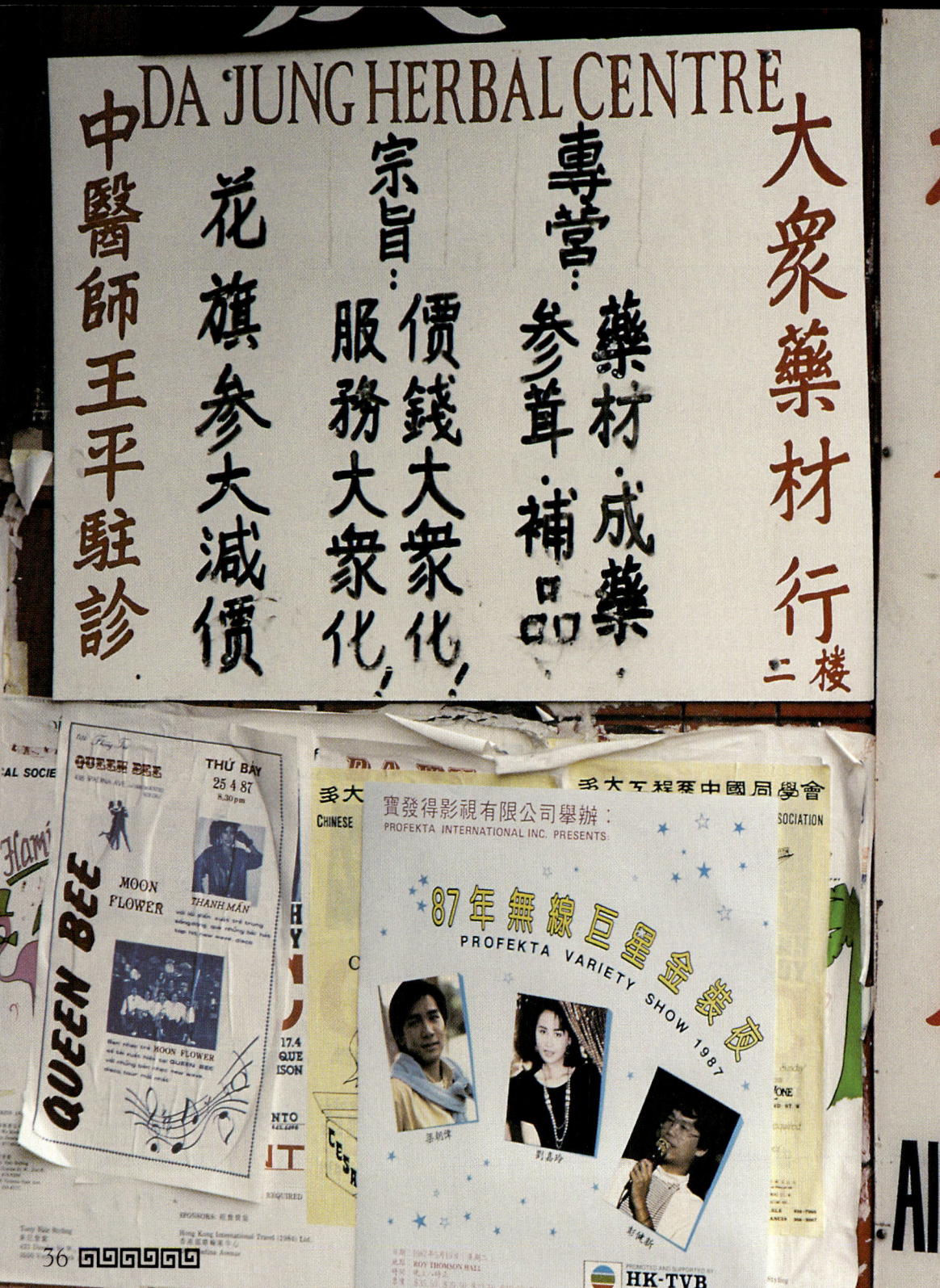

大眾藥材行 二樓

中醫師王平駐診

花旗參大減價

專營：藥材・成藥・參茸・補品

宗旨：價錢大眾化　服務大眾化

福旅行社

AIR TRAVEL

QUEEN BEE
MOON FLOWER
THANH MẪN
THỨ BẢY
25 4 87

寶發得影視有限公司舉辦：
PROFEKTA INTERNATIONAL INC. PRESENTS

87年無線巨星金篆會
PROFEKTA VARIETY SHOW 1987

HK-TVB INTERNATIONAL LTD

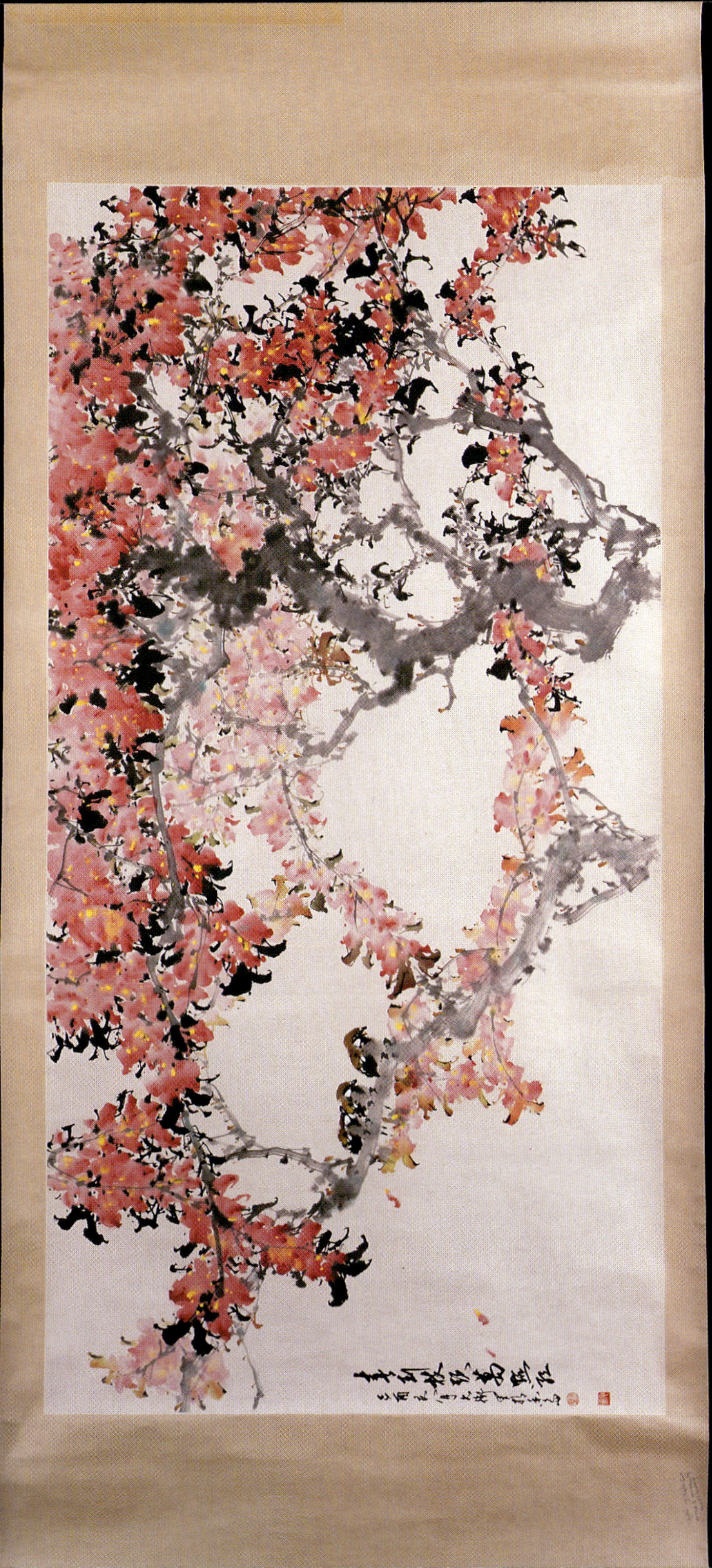

38

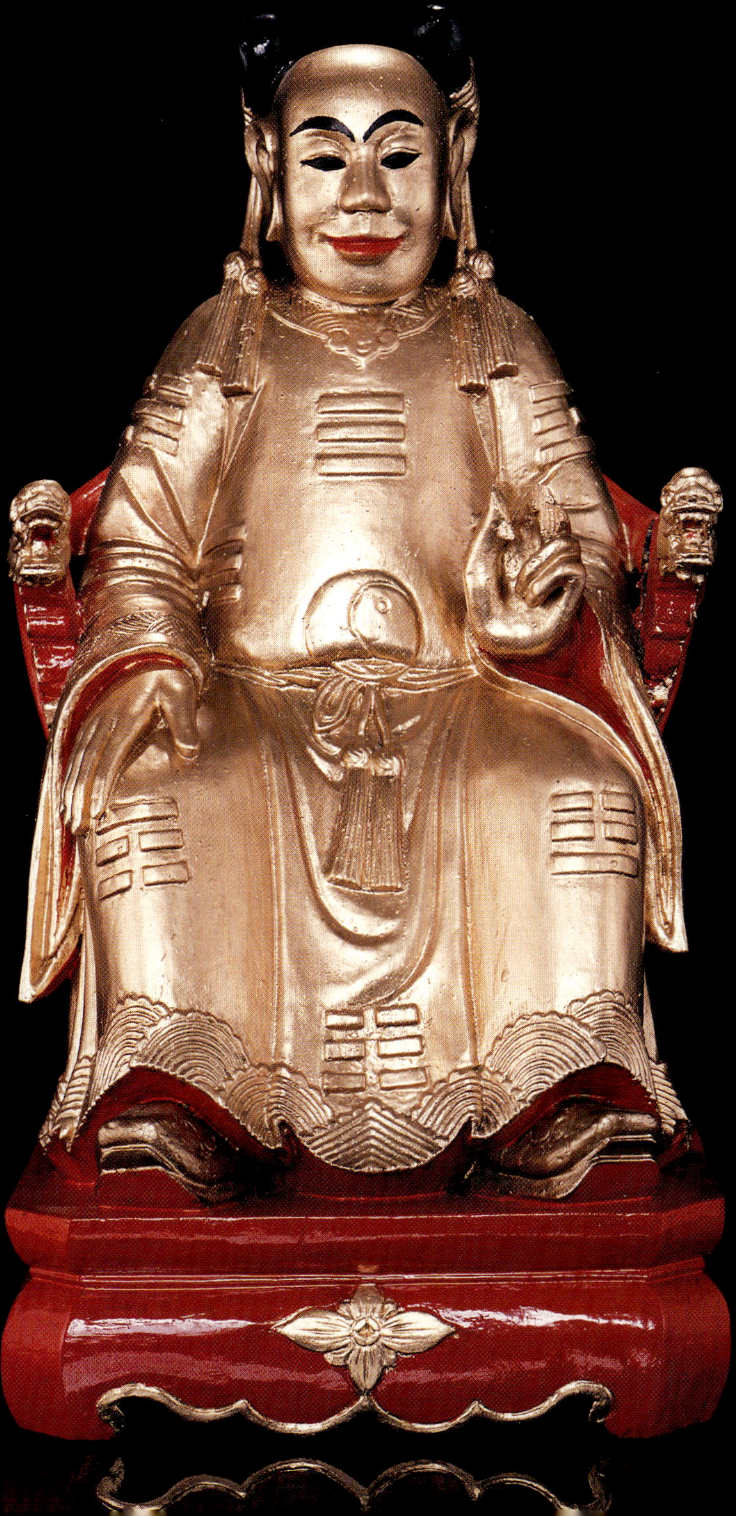

Calligraphie et peinture

La calligraphie et la peinture chinoises remontent à l'aube de la civilisation chinoise elle-même. Ce n'est qu'après des années d'apprentissage, de pratique et de dur labeur que l'on devient artiste.

Il n'y avait guère de spécialiste de la calligraphie et de la peinture parmi les premiers immigrants chinois au Canada. L'art de la calligraphie pouvait s'exprimer dans une infime mesure dans les enseignes des commerces et d'autres formes de publicité; on faisait en général appel à l'instituteur local à ces occasions.

Après la Seconde Guerre mondiale, les arts anciens de la calligraphie et de la peinture chinoises ont suscité de plus en plus d'intérêt, surtout grâce à l'arrivée d'immigrants chinois qui avaient l'expérience de ces formes d'art. Aujourd'hui, écoles communautaires, associations et centres culturels offrent des cours de calligraphie et de peinture chinoises. Les collectivités chinoises commanditent des expositions de calligraphie et de peinture présentant des artistes locaux et internationaux. En outre, des associations et des sociétés culturelles ont été créées afin de promouvoir ces arts. L'art chinois, dans toute sa richesse et sa diversité, est très présent sur la scène culturelle au Canada.

On distingue six principaux styles de calligraphie : l'écriture des os-oracles, les écritures sigillaires petite et grosse (*zhuan shu*), l'écriture dite « des chancelleries » (*li shu*), l'écriture régulière (*zheng ti* ou *kai shu*), l'écriture courante (*xing shu*) et l'écriture cursive (*caoshu*). Elles sont présentées ici par ordre d'ancienneté, des écritures sur os-oracle remontant à la dynastie des Shang (1766–1122 av. J.-C.) aux styles les plus récents. Chaque style utilise des traits de pinceau particuliers, exécutés à une vitesse et avec une force calculées de façon à produire les caractéristiques voulues quant à la configuration, au trait, au formalisme et à l'équilibre. Le choix du style dépend du texte comme de la formation et des préférences du calligraphe. Comme chez tout artiste, son œuvre laisse transparaître non seulement sa dextérité, mais aussi sa créativité.

La peinture chinoise traditionnelle se divise en deux catégories. Le style méridional met l'accent sur l'harmonie, la délicatesse et la subtilité avec lesquelles pinceau et encre sont utilisés; le style septentrional a recours à des traits fins et marqués. La peinture chinoise, plusieurs fois millénaire, exprime une infinie variété de styles, de techniques et de thèmes.

Les œuvres d'art chinois combinent souvent la calligraphie et la peinture. Les poèmes, thèmes fréquents de la calligraphie, peuvent ainsi se rapporter au sujet du tableau et les formes d'expression artistique sont alors harmonieusement unies en un tout complexe.

Petits oiseaux et feuilles d'érable, *1988, de l'artiste de Vancouver Johnson Chow.*
(Photo R. Garner.)

Croyances religieuses et populaires

Dans les villages du sud de la Chine, de très nombreux temples étaient consacrés au culte de héros légendaires, de figures historiques, des bouddhas et des bodhisattvas, des immortels taoïstes et d'autres divinités. Les premiers immigrants chinois ont amené ces divinités au Canada : l'impératrice des Cieux, Tam Gong, le dieu de la Guerre, le dieu de la Prospérité, le dieu de la Terre, le dieu de la Médecine, le dieu de la Cuisine et les divinités de la Musique et de l'Opéra sont encore vénérés par les Canadiens d'origine chinoise.

Tam Gong est un dieu bienveillant qui aide les marins. D'après la légende, Tam Gong était vacher et s'est transformé lui-même en divinité. On implore son aide à différentes occasions : problèmes personnels et familiaux, prévisions commerciales, décisions de carrière, éventuels mariages, sécurité des voyageurs, emplacement d'une maison et maladies.

Guan Gong, le dieu de la Guerre, est connu pour sa loyauté, sa vertu et son courage. C'est un roman historique du XIVe siècle, « La Romance des trois royaumes », qui a fait connaître ce général d'armée des temps anciens qui a le pouvoir d'éloigner le mal et de restaurer la bonté.

Avant la Seconde Guerre mondiale, il n'y avait que peu de prêtres bouddhistes et taoïstes au Canada. Après la guerre, le bouddhisme et le taoïsme, pratiqués depuis longtemps en Chine, ont commencé à s'imposer au Canada.

Les temples qui leur sont consacrés ont pour mission de faire connaître et d'étudier les doctrines bouddhistes et taoïstes et de faciliter la recherche de la paix, de l'harmonie, de la sagesse et du bonheur. Au Canada, on vénère dans les temples bouddhistes la plupart des bouddhas et des bodhisattvas. Les temples taoïstes honorent Lao Zi, le fondateur du taoïsme, Zhang San-Feng, le grand-prêtre taoïste, et les huit immortels taoïstes. Tous les temples offrent des services religieux et commémoratifs à la collectivité.

Nombre de Canadiens d'ascendance chinoise ont aussi adopté les églises chrétiennes.

Des fidèles se sont rassemblés pour célébrer le cinquantième anniversaire de la fondation de l'Église unie chinoise, à Victoria (1885-1935). (Avec la permission des British Columbia Archives and Records Service; cat. no HP28996.)

Les Canadiens d'ascendance chinoise aujourd'hui

À une époque relativement récente, l'importante immigration chinoise en provenance de diverses régions du monde a transformé la collectivité chinoise. Plusieurs sous-groupes parlant divers dialectes et représentant diverses traditions culturelles se sont constitués. Le cantonais et le dialecte *shi yi* ne sont plus les langues communes de la collectivité chinoise.

Depuis la second conflit mondial, la société canadienne est plus tolérante et les Chinois ont pu mieux s'intégrer à tous les secteurs de notre société. Ils exercent aujourd'hui plusieurs professions et participent à diverses entreprises économiques et socioculturelles. Le Chinetoque de la blanchisserie d'autrefois fait dorénavant partie de l'histoire ancienne.

Les ressources économiques plus abondantes ont permis la revitalisation des anciens quartiers chinois. De nouveaux centres commerciaux et des quartiers chinois satellites ont surgi. Nombre de collectivités chinoises sont aujourd'hui prospères et animées. Le quartier chinois est devenu un point de ralliement; la participation à ses activités et à ses institutions sociales et culturelles est source d'identité ethnique. La collectivité chinoise est aussi complexe et militante que les autres groupes ethniques du pays.

Les activités culturelles chinoises ont également subi l'influence de l'ensemble de la société. Les Canadiens d'origine chinoise organisent maintenant des activités comme des concours de beauté et des émissions de radio et de télévision. Ils s'intéressent aux arts et à l'artisanat de style canadien, ainsi qu'à la nouvelle cuisine. Certains fabriquent même des « biscuits horoscope » verts à l'occasion de la Saint-Patrice, ou des cœurs en tofu teinté de rose pour la Saint-Valentin. Ils célèbrent aussi le Nouvel An occidental, l'Action de grâce, Pâques, Noël et la Fête du Canada. Certains profitent de fêtes canadiennes pour mener des activités chinoises traditionnelles, notamment visiter les tombes de leurs parents à Pâques ou à la fête des pères ou des mères.

Par ailleurs, les traditions culturelles chinoises ont marqué la société canadienne dans son ensemble. Nombre de Canadiens ont adopté l'une ou l'autre des coutumes traditionnelles chinoises, soit cuisiner dans un wok et utiliser des épices chinoises, faire sauter les aliments, se servir de baguettes, porter des vêtements de style chinois et incorporer des symboles et des motifs culturels chinois à leurs œuvres d'art. Certains arrivent même à leur mariage en pousse-pousse.

Les Chinois, de minorité désavantagée qu'ils étaient, sont devenus un groupe culturel à part entière au sein d'une société canadienne pluraliste. Aujourd'hui, ils sont fiers de leurs réalisations et de leur contribution au Canada : ils continuent de vivre et de manifester leur double identité ethnique et canadienne par leurs traditions culturelles. Contrairement aux premiers immigrants venus au Canada dans l'espoir de trouver de l'or et de faire fortune, les générations subséquentes et les nouveaux venus sont en quête d'égalité, de liberté et d'une qualité de vie supérieure; ils s'engagent à servir et à aider le pays. Ils sont allés au delà de la Montagne d'or.

Au sujet de l'auteur

Ban Seng Hoe est né à Batu Pahat, dans le Johore, en Malaisie. Il a étudié la culture asiatique, de même que l'histoire, l'éducation, le droit international et l'assistance sociale à l'université Nanyang et à l'université de Singapour. Il détient une maîtrise en sociologie de l'université de l'Alberta et a obtenu un doctorat en anthropologie et en sociologie de l'université Vanderbild à Nashville, dans le Tennessee, en 1974. La même année, M. Hoe s'est joint au Musée canadien des civilisations où il a fondé le Programme de l'Asie et du Moyen-Orient. Il est actuellement conservateur des études asiatiques au Musée.

M. Hoe a prononcé de nombreuses conférences sur la culture asiatique. Il parle plus de quatorze langues et dialectes et a publié deux ouvrages et de nombreux articles dans des publications d'Amérique du Nord et d'Asie. Il a en outre organisé nombre d'expositions dans le domaine des études asiatiques, dont « Le premier empereur de Chine » et « Au delà de la Montagne d'or », sur laquelle porte la présente brochure.